BEI GRIN MACHT SICH IHR WISSEN BEZAHLT

- Wir veröffentlichen Ihre Hausarbeit, Bachelor- und Masterarbeit

- Ihr eigenes eBook und Buch - weltweit in allen wichtigen Shops

- Verdienen Sie an jedem Verkauf

Jetzt bei www.GRIN.com hochladen und kostenlos publizieren

Judith Teßmann

The Evolution of Cooperation

GRIN Verlag

Bibliografische Information der Deutschen Nationalbibliothek:

Die Deutsche Bibliothek verzeichnet diese Publikation in der Deutschen National-
bibliografie; detaillierte bibliografische Daten sind im Internet über http://dnb.d-
nb.de/ abrufbar.

Impressum:

Copyright © 2012 GRIN Verlag GmbH
Druck und Bindung: Books on Demand GmbH, Norderstedt Germany
ISBN: 978-3-656-67436-8

Dieses Buch bei GRIN:

http://www.grin.com/de/e-book/274447/the-evolution-of-cooperation

GRIN - Your knowledge has value

Der GRIN Verlag publiziert seit 1998 wissenschaftliche Arbeiten von Studenten, Hochschullehrern und anderen Akademikern als eBook und gedrucktes Buch. Die Verlagswebsite www.grin.com ist die ideale Plattform zur Veröffentlichung von Hausarbeiten, Abschlussarbeiten, wissenschaftlichen Aufsätzen, Dissertationen und Fachbüchern.

Besuchen Sie uns im Internet:

http://www.grin.com/

http://www.facebook.com/grincom

http://www.twitter.com/grin_com

Universität zu Köln

Philosophisches Seminar
Seminar: Philosophie der Evolution

Studentin: Judith Teßmann
Semesteranzahl: 2 Semester
Studiengang: BA LA HRGes praktische Philosophie, Geschichte

The Evolution of Cooperation

Robert Axelrod und William D. Hamilton beschäftigten sich in den 1980er Jahren mit der Frage, unter welchen Bedingungen kooperatives Verhalten bei Menschen entsteht, die in einer egoistisch angelegten Gesellschaft miteinander leben, in der keine zentrale Kontrollinstanz gegeben ist. Auf dieser Fragestellung gründet auch ihre Publikation „The Evolution of Cooperation", welche sie in der Zeitschrift Science veröffentlichten.

Ziel ihres Vorhabens war daher eine Theorie zu entwickeln, mit deren Hilfe es möglich wird Faktoren transparent zu machen, welche für die Entstehung von Kooperation notwendig sind. Denn kennt man ihre Bedingungen, so ist es möglich Maßnahmen zu fördern, durch die eine Entwicklung in Gang gesetzt werden kann um die Kooperation zu fördern.

Um dieses Verhältnis zu entschlüsseln bedient sich Axelrod einer Spieltheorie, dem „Gefangenendilemma". Das Grundkonzept entstand bereits in den 1950er Jahren und sollte nun als Axelrods Fundament zur Entschlüsselung der Fragestellung dienen.

Das „Gefangenendilemma" ist ein Spiel mit zwei Spielern. Diesem Spiel liegt die Überlegung zu Grunde, dass diese beiden Spieler zwei Gefangene darstellen, welche verdächtigt werden, gemeinsam eine Straftat begangen zu haben. Daraufhin werden beide Gefangene in getrennten Räumen verhört und haben keine Möglichkeit, sich zu beraten bzw. ihr Verhalten abzustimmen.

Diese zwei Spieler haben also im Folgenden jeweils zwei Entscheidungsmöglichkeiten, nämlich miteinander zu kooperieren, was bedeutet sie schweigen beide oder nicht zu kooperieren, auch Detektieren genannt, was bedeutet sie verraten den jeweils anderen um selbst ein geringeres Strafmaß zu erhalten. Die Problematik entsteht nun darin, dass keiner der beiden weiß, wie sich der andere entscheiden wird, heißt ob er defektiert oder kooperiert. Dabei ist das Verhalten der beiden Spieler entscheidend für die Auszahlung. Da die Höchststrafe für das Verbrechen sechs Jahre beträgt, sollten beide überlegen, wie sie diese reduzieren können. Falls sich beide Verbrecher dazu entscheiden zu schweigen (Kooperation), werden beide wegen kleinerer Delikte zu je zwei Jahren Haft verurteilt. Gestehen jedoch beide die Tat, also defektieren sie, erwartet beide eine Gefängnisstrafe, jedoch aufgrund von Zusammenarbeit mit der Polizei lediglich eine von vier Jahren. Defektiert nur einer und der andere schweigt, also kooperiert, erhält der erste als Kronzeuge eine symbolische einjährige Bewährungsstrafe, der andere hingegen erhält die Höchststrafe von sechs Jahren. Das bedeutet also, dass es für beide Straftäter, unabhängig vom Verhalten des anderen, mehr Vorteile bietet, zu defektieren. Da jedoch beidseitige Defektion für beide Täter ungünstiger ist als wechselseitige Kooperation, entsteht nun das Dilemma.[1]

Die Folgende Matrix soll nun darstellen, wie sich das Verhalten der Straftäter auszahlen würde.

	B Schweigt (Kooperiert)			B Gesteht (Defektiert)		
A Schweigt (Kooperiert)	-4	A: -2	B: -2	-7	A: -6	B: -1
A Gesteht (Defektiert)	-7	A: -1	B: -6	-8	A: -4	B: -4

Dieses gedankliche Experiment bildet nun das Fundament für Axelrods Spielturnament, in welchem 2 Spieler – jeweils ein Spaltenspieler und ein Zeilenspieler- gegeneinander spielen und versuchen die höchst mögliche Punktzahl zu erreichen. Auch hier gilt, genau wie im Gefangendilemma die Regel, dass gemeinsame Kooperation die meisten Punkte bringt, doch ist defektieren die sicherere Variante, da sie unabhängig vom anderen Spieler ist und ebenso viele Punkte bringt.

Dies soll die folgende Matrix verdeutlichen[2]:

		Spaltenspieler	
		Kooperation	Defektion
Zeilenspieler	Kooperation	R = 3 ; R=3	S = 0 ; T= 5
	Defektion	T= 5 ; S = 0	P= 1 ; P = 1

---

[1] Robert Axelrod; William D. Hamilton: The Evolution of Cooperation, in: Science, New Series, Vol. 211, (Mar. 27, 1981), S. 1390- 1396, hier: S. 1391.
[2] Die Matrix ist aus folgendem Auszug entnommen: Robert Axelrod „Die Evolution der Kooperation", München 1991, S. 7 – 9, hier: S. 8.
http://www.ewetel.net/~martin.bode/axelrod.pdf ; 26. 06. 2012, 16:00 Uhr

Legende[3]:

T = „Versuchung" (temptation)	Belohnung für einseitigen Verrat/einseitige Defektion
R = Belohnung" (reward)	Belohnung für Kooperation von A und B
P = „Bestrafung" (punishment)	Bestrafung für gegenseitigen Verrat/zweiseitige Defektion
S = „Des Gutgläubigen Belohnung" (sucker's payoff)	Bestrafung für das Vertrauen, welches einseitig durch den Partner gebrochen wurde

So zeigt sich, dass der Zeilenspieler, genau wie der Spaltenspieler zwei Auswahlmöglichkeiten hat. Zum einen defektieren, zum anderen kooperieren. Beide Entscheidungen zusammen führen zu einer der vier möglichen Ergebnisse in der Matrix. Kooperieren beide, stehen sie recht gut dar, sie erhalten eine Belohnung, „R". Kommt es allerdings dazu, dass ein Spieler kooperiert, während der andere defektiert, erhält der Defektierende eine Belohnung für seinen einseitigen Verrat, „T", der kooperierende Spieler hingegen eine Bestrafung für sein Vertrauen erhält, also „S". Defektieren jedoch beide, so erhalten sie beide eine Bestrafung für den gegenseitigen Verrat, „P".

Nun müssen die Spieler überlegen, wie sie an möglichst viele Punkte kommen, weshalb sie zwischen den Auswahlmöglichkeiten der Kooperation, also dem Gegenspieler zu vertrauen und der sicherere Variante, der Defektion, stehen.

Aus all diesen Möglichkeiten ergibt sich also die folgende Formel für die Auszahlungsmatrix:
$T > R > P > S$ und $(T + S) : 2 < R$[4]

Weiterhin ist es wichtig zu betrachten, ob das Spiel lediglich einen Durchlauf hat, oder ob es sich um ein mehrmaliges, endliches Spiel, also ein iteriertes Gefangenendilemma handelt. Bei einem einmaligen Spiel ist anzunehmen, dass beide Spieler defektieren, da dies die sicherste Variante ist um vergleichsweise viele Punkte zu erhalten. Außerdem ist man sich im einmaligen Spiel noch nicht sicher, ob der andere Spieler vertrauenswürdig ist.

---

[3] Die Legende ist aufgrund ihrer klaren Gliederung an jene, aus dem Wikipediaartikel „Gefangenendilemma" angelehnt.
http://de.wikipedia.org/wiki/Gefangenendilemma#Spielweisen, [Stand:26. 06. 2012; 16:35 Uhr]
[4] Ebd., [Stand: 26. 06. 2012; 16:58 Uhr]

4

Handelt es sich jedoch um ein iteriertes Gefangenendilemma wird den Spielern ermöglicht die Entscheidungen des Gegners in den vorherigen Runden, mit in die eigene Entscheidung der nächsten Runde, einzubeziehen. So ist es also möglich Vertrauensbruch im nächsten oder einem späteren Spiel zu ahnden, wohingegen Kooperation des Gegenspielers belohnt werden kann.

Bei einem unendlichen Spiel, ist den Spielern nicht bekannt wann es zur letzten Runde kommen wird. Bezüglich dieser Spielform hat sich nach einem Computerturnier, welches Axelrod zu Beginn der 1980er Jahre veranstaltet hat, herausgestellt, dass „TIT-FOR-TAT" („Wie du mir so ich Dir") die beste Taktik ist um zu siegen.[5] Diese, von Anatol Rapoport, entwickelte Methode funktioniert lediglich, wenn im ersten Spiel Kooperation stattfindet, weshalb das Spiel auch eine freundliche Strategie ist. In den folgenden Spielen wird auf Verrat verzichtet, solange der Gegenspieler ebenfalls kooperiert. Verrät er jedoch wird dies durch Defektion geahndet. im darauf folgenden Spiel wird jedoch wieder kooperiert, was zeigt das es keine nachtragende Strategie ist.

Eine andere Strategie ist „ALWAYS D", was bedeutet, dass bei jedem Spiel defektiert wird. Diese Strategie kann sich jedoch nicht gegen Rapoports „TIT-FOR-TAT" durchsetzen, wodurch gezeigt wird, dass es klüger ist zu kooperieren, wenn der Gegenspieler ebenso kooperiert, aber gleichzeitig kurz Vergeltung auszuüben, falls defektiert wird.[6]

Literaturverzeichnis:

Robert Axelrod; William D. Hamilton: *The* Evolution of Cooperation, in: Science, New Series, Vol. 211, (Mar. 27, 1981), S. 1390- 1396.

Robert Axelrod „Die Evolution der Kooperation", München 1991, S. 7- 9.

---

[5] Robert Axelrod; William D. Hamilton: *The* Evolution of Cooperation, 1981, S. 1393.
[6] Ebd., S. 1394.